2

Das Herz ist ein Organ aus Feuer

Gedichte

Bibliografische Information der Deutschen Nationalbibliothek
Die Deutsche Nationalbibliothek verzeichnet diese Publikation in der
Deutschen Nationalbibliografie; detaillierte bibliografische Daten
sind im Internet über http://dnb.d-nb.de abrufbar.

© 2007 Da-Hi T. Koch
Herstellung und Verlag: Books on Demand GmbH, Norderstedt
Layout: Da-Hi T. Koch
ISBN: 9783839148556

4

Inhaltsverzeichnis

Vorwort

...Oder ist es das Feuer?
Ja doch, das Feuer, es kommt zuerst..
Es kommt und bringt Freude, verbrennt dennoch alles
Worauf man nicht mehr weiß, woran man ist. Ist Luft, die sich nicht
kennt.
Und drauf hin ist man traurig. Mal Wasser, mal Eis.
Und am Ende stirbt die Hoffnung noch zuletzt

Geschichten aus der Hinterwelt. Bei Tag und bei Nacht tritt man durch eine Tür in eine unbekannte Welt, die es zu entdecken gilt. Ein Traum ist eine Möglichkeit, der Welt zu entfliehen, dieser mörderischen Welt, in der schon ein einzelner Schritt ins Verderben führen kann.

Dabei ist der Traum auch eine Möglichkeit, sein Bewusstsein neu zu entdecken und neu zu erleben. Andere Leben zu leben. Lieben zu lernen. Das göttliche für sich zu entdecken. Dem himmlischen nahe sein.

Beim Träumen gleitet die Seele aus der Haut und erlebt das, was sie erleben möchte. Kommen Sie mit auf eine Reise durch Traum und Zeit.

Das Herz ist ein dunkler Wald, voll von Unbekanntem, das es zu
entdecken gilt...

Der Herz Bube hat seiner Kreuz Dame Phantasie eingehaucht... Den Atem der Kreativität hat die Dame des Kreuzes mit ihrem Mund eingesogen...

Entstanden ist dieses Werk, indem es um das Leben geht – das fiktive wie das echte und Erlebte. Was echt ist und was erdacht, weiß nur die Tiefe der Seele und Gott allein. Aber gehören nicht auch Träume und Gedanken zum Erlebten? Und all das, was man gelesen oder gefühlt hat?

Ist nicht all das real, was in den Köpfen eines jeden, einzelnen existiert?

Autoren – Exhibitionisten der Seele.

Der Autor teilt dem Leser seine Erlebnisse, seine Fantasie, seine Gedanken mit. Der Leser wird unmittelbar in das Geschehen katapultiert.

Also Vorsicht!

...verlaufen Sie sich nicht in den tiefsten Tiefen der Seele und des Verstandes...

Meine Gedichte sind zu verschiedenen Zeiten und an den unterschiedlichsten Orten entstanden und handeln von Angst, Zorn, Ekel, Mitleid, Schönheit, Hass, Neid, Mord, den Tiefen der Seele, Schürfwunden und zarter, zerbrechlicher Liebe, Macht, Gier, Wärme, Hoffnung und dem Tod, der alles zerstört – oder doch nur einen weiteren Anfang bedeutet, wie schon die Geburt? Geht man im Tod wie beim Einschlafen durch eine Tür, damit man durch ein Loch fällt und sich in einer anderen Dimension wiederfindet?

Kommen Sie mit auf eine Reise in die Abgründe des Menschen.

9

Ein Wort - ein Glanz, ein Flug, ein Feuer
Ein Reigen, ewig auf Papier gebracht
Eine Welt – erschaffen aus Nichts und Allem
Entstanden in schöpferischer Pracht.

Das Wort – es erliegt dem wohlgesonnenen Geist
Der es liebt sich selbst zu verlassen
der Enge des Körperlichen zu entweichen
In Gedenken sich schweifen zu lassen.

Feuer

Der perfekte Moment.

Du siehst sie... diese vollkommene Person
Und dein Innerstes spannt sich an
Dein Herz pocht und klopft als würde es platzen wollen
Ausbrechend aus deinem engen Körper
von dannen hüpfend in die große, neue Welt.
Stattdessen rutscht es in deine Hose
Und deine Haut wird zur Standheizung
Deren Temperatur du nicht regulieren kannst
Der Boden unter deinen Füßen wird dir weggezogen
Du versinkst in diesen Augen gegenüber
Die dir wie Meere erscheinen
In denen du nur zu gerne ertrinken würdest
Und du möchtest auf einer Wolke schweben
Unerreichbar für den Rest der Welt
Doch erreichbar für diese, eine Person
Die dir ihre Hand reicht
Und dich mit ihr nimmt
In eine vollkommen große, neue Welt.

14

Zu dir und deinem Zauberwald.

Mit dir würde ich gerne fallen wollen
Der Sturz wäre sanft - und sanfter
Als Orgelklang an Wände prasselnd
Und Melodie die sich im Takte wiegt
Schwebt wirbelnd leicht zu Boden
Hast du doch mir denselbigen
Fort von meinen Füßen gezogen
So schwebe ich auf und ab mit dir

Hätte ich dich oh wie zärtlich wäre der Wind
Wie heiß der Kuss der Sonnenstrahlen
Am ersten Tag des Frühlings
Wie frisch und zart das letzte Licht
Verebbend am letzten Sommertag
Wie eisig eine Winternacht
Ein Hauch der mich erschaudert

Doch nicht aus Kälte wird meine Haut
Deine Nähe ersehnen, so weit
wie Sinn und Sinn sich einig wiegen
Ein Gedanke hoch und höher
Aus meinem Seelenboden sprießend
ihre Lieder vom Grund zu holen, zu spielen

Wie eigensinnig mein pochendes Herz
Und das Lachen meiner Augen
Sich zu dir klingend neigt
Zu dir und deinem Zauberwald
Ergießt sich mein Gedankenstrom
In welchem Nähe, Nacht und Stille
Den einzigen Klang vernimmt

Namen sind Schall und Rauch.

Namen sind Schall und Rauch
Und alles was zählt
sind Worte und Gesten
die Ewigkeiten in sich tragen.
Und Musik, die vom Grunde der Seele spricht
und alles erzählt,
was der Mund nicht sprechen kann.

Zeit der Nacht.

Schwarze Nacht,
Dunkelheit,
eiserne Nacht,
durchbrochen von strahlendem Licht,
samtig leuchtend
in der Stille der Nacht.

Groß ist die Sehnsucht nach mehr,
klein nur das Leben
im Angesicht der Ewigkeit.

Grollend rollt der Donner,
wirbelt der Staub.
Doch stark ist das kleine Licht,
tapfer in ewiger Nacht.

Bleibst du nur bei mir
Ist die Nacht erhellt,
die ewige Zeit der Nacht.

Spürst du nicht, wie lebendig das Blut in mir pocht?
Alles fließt.
Wirbelt.

Das Karussel des Lebens
Dreht sich immerfort
Niemals still
Immer fließend
Wie der lebendige Strom.

Erzähl mir vom Anbeginn,
genieße mit mir die Gegenwart,
bleibe mit mir in der Ewigkeit.

Trotze ich denn der ewigen Nacht,
ergebe ich mich nicht dem Treiben,
dem stockenden Blut,
so lebe ich fortan, in dir.

Vollkommen in seiner Gestalt ist er.
Wenn er spricht,
brilliert die Luft,
stockt der Atem der Zeit.

Wolken aus Feuer.

Ausgesetzt auf Wolken aus Feuer
Wandle ich,
die Liebessaat in mein Herz gepflanzt.

Klangfarben.

Deine Musik hören
Die mich zum Schwingen bringt
Tanzen, schweben
In luftigen Höhen
Ist was mich bewegt
Meine Seele breitet ihre Flügel aus
Über die Wasser zu schauen
Den Geschmack deiner Augen zu riechen
Den Klang deiner Stimme zu schmecken
Die Wärme deiner Haut zu spüren
All die Farben deines Wesens
Und wünschte dir zu begegnen.

Zu aller Zeit.

in meinen Gedanken bist du
ein ganzes Meer
von allem was dein Herz begehrt
nur du
und alle zeit der meinen Welt
Geb' ich für dich

28

Herz Bube – Kreuz Dame.

Liebste Zier meines Herzens; Du
Raubst mir meine Sinnen...
Kostbarer, Edler, Schönster, Du!
Lass mich dein Herz gewinnen.

Ach, du mein edles Seelenfeuer,
Das den Schlaf mir raubt...
Das mein Herz in Händen hält;
Mir zu leben erlaubt...

Du mein holder Herzensdieb,
Du meine Ruhe, mein Tyrann, mein Licht!
Du mein Mond, der am Himmel wacht,
Du, meine Sonne, die am Tag für mich lacht...

So sage mir, Liebster...

Wie könnt' ich je ohne dich leben...?
Je ohne dich wachen, schlafen, essen...?
Wie begraben meines Herzens Beben?
Wie jemals deinen Namen vergessen?

Er hat mir mein Herz gestohlen.

Er hat mir mein Herz gestohlen
In einem Anflug aus zartem Gefühl
habe ich Angst vor einem Flügelschlag
Nicht eine einzige Feder zart
wage ich zu ertasten
Sehnt es mich doch zu des Vogels Fittichen
Herbei, zum Flug im silbrigen Morgenlicht
hin zu dem güldenen Schimmer des endenden Tages
Doch Angst vor einem zerberstenden Herz
schreckt mich zurück

Müdigkeit ist es nicht...

Öffne deine Augen mein Prinz
Lass Müdigkeit deinen Geist nicht übermannen
Lass deine Seele nicht umnachten
Und deine Sinne beflügeln
Ich zeige dir einen realen Traum
Der deiner Phantasie freien Lauf lassen wird
Mein Lager ist frei und fängt dich auf
Mit deiner schwindenden Müdigkeit...

34

Kreisel.

Wie ein Wirbel drehe ich mich im Kreis
und du, du, du... du bist die Mitte
die ich suche
dich, ja dich
dich suche ich unaufhörlich
mit meinen Blicken, die wandern,
unaufhaltsam, wachend, wartend,
geschreckt, geschwächt
im Kreis, im Kreis
außer Atem bin ich
und im unbändigen Wollen
nach Atemlosigkeit
und du in meinen Armen
erstickst meinen Flug
mit Ruhelosigkeit...

Stürzen.

Federleicht
Gestaltest du meinen Sturz
In dich
Keuche ich mich hinein
Meinen Tod – aus.
Mein Leben
Erkenne ich
In dir

Rosen.

Prächtig gezeichnet: die Göttertränen
Vergossen im Kelch, mit Tau bedeckt
Der Traum, der Rote, in Seide gehüllt
Farbenfroh, ein ganzes, ein Leben entdeckt

Lebt hoch! Der Mut, kommt vor dem Fall
Wie leicht doch stirbt ein Moment, so kurz,
So scharlachrot wie mein Herz, die Blüten,
Auf den Boden gelegt, die Vernunft

Real love.

„Real love", said the old carpenter to the young lady,
"is a cock-and-bull story,
told by an idiot"
"But why", she answered,
"you're talking in those harsh, black woven words."
You need to believe that once you'll see the light.
Maybe this nightmare you've pierced in your head
is only a dream."

Fortwährend...

...Ewig, wirst du meine Liebe haben
Auch wenn du in der Tiefe bist
verraten und verkauft
Hoch heben werde ich dich
Weit weg von Ärger und Zweifeln
Über die Wetteifernden
Die jeden greifbaren Ast zu suchen scheinen
Vom Glück vieler Sonnen verwöhnt
die sichtbaren Augen nicht kennen
Nur sich selbst. Aber du,
Behalte mein Andenken unter denen
Die du am liebsten hast
Ein Kleinod für deine Trauertage
Auf dass im Haus deiner Lustbarkeit
Ich ewig dein Wächter sei.

Luft

Denkbar viel.

"Corgito ergo sum" - ich denke, also bin ich.
Ich denke - viel.
Viel zu viel.
Am Grund meines Gedankensumpfs
Hole ich meine Wörter hervor
Viele
Viel zu viele
Serviert auf einem Silbertablett.

44

Warte, ich warte...

Ich warte
Nur auf dich
Setze ich meine Zeit
Und mich selbst
In den Schatten
Dir zuliebe
Warte ich.

Die Seiltänzerin.

Ich bin eine Seiltänzerin
Ich bewege mich leichtfüßig über den schmalen Grat den du mir
legst
Über immer wandelbaren Boden
Mal See, mal Fluss, mal Meer
Mal nimmerendenwollende Dunkelheit
Und kein Schwerpunkt zu setzen
Mal der Vulkan, mal Feuer, mal die meuternde Masse
Die mich verschlingt

Weit weg...?

Oh, es ist ein beharrliches, herrliches Gefühl
das schleichend Besitz von mir ergreift
wenn du auf dem Platz neben mir
nicht-redend verharrst, träumend
weit weg von mir
doch nicht weit weg in Gedanken,
da wir auf der Suche sind,
nach ein und demselben Platz.

Sprach-Lethargie.

Was bist du mir?
Was tust du mir?
Soll ich ewig auf dich warten,
warten...
Auf deine nicht-existenten Worte
Die
-vielleicht-
-möglicherweise-
irgendwann...
In ferner Zukunft,
Deinem Mund entspringen werden?
Weißt du,
Dass ich hoffe?
hoffe...
Hoffe!
Auf dich?
Wann erwachst du,
Nur du, du...
Endlich
Aus deiner
Nimmerendenwollenden
Sprach-Lethargie
Die mich so um den Verstand bringt –
sofern er überhaupt noch existiert...

Bahnhof.

So ein Bahnhof ist wirklich
Eine Fundgrube Mensch
Da gibt's die Pendelnden,
die Reisenden,
die Gestrandeten...
da wie dort, denkt jeder an andere
im Grunde aber
nur an sich

Das Vergessen.

Hast du vergessen mich anzusehen?
Ich bin noch da...
Doch dein Blick: abgewandt.
Dein Blick: leer.
Du siehst aus dem Fenster
Versiffte Scheiben:
Man kann kaum etwas erkennen.
Aber wenn: es wäre nicht nötig.
Wir rasen durch das dunkle, ungewisse.
Die U-Bahn durch das schwarze Verlies aus traurigen Glubschaugen,
Zeitungen, dem Was-geht-dich-das-an-Blick
Du: aus dem Fenster sehend
Magst du nicht meinen Blick erwidern?
Du hast einen angestrengten Blick.
Möchtest du vergessen?
Driftest du ab, in dem Bitten nach zerstreuten vergangenen
Erinnerungen, die schwächer werden, um sie hier abzulegen, wenn
du aufstehst, dich durch die Menschentraube quetschst, auf den
Knopf drückst, und dich wieder vom albernen Tageslicht
verschlucken zu lassen?
Auf der Rolltreppe in die Abgeschiedenheit der Menschenmassen.
Du: nicht im Glauben, in einer Bahn zu sitzen
Du: im Begriff, dich selbst zu verlassen.
Du: im verbitterten Wollen.
Darum. Und eben deshalb.

Vielleicht träumst du vom Fliegen.
Über ein Meer
Vielleicht suchst du Freiheit.
Frei sein, unter einem Baum
Dich auf seinen Wurzeln tragen zu lassen
Während deine Gedanken einen wirbelnden Tanz aufführen, ohne
sichtbares Ende, Gitarren und Trommeln im Hintergrund, und eine
Frauenstimme, die kräftig singt, um dich wirbeln zu lassen, dich und
deine Gedankenfetzen.
Du: willst wandern.
Vielleicht über eine Wiese.
Gras zwischen deinen baren Zehen, während du versuchst, ein wenig
Rasen mitzunehmen, ohne dass dich dein humpelnder Gang stört, der
den anderen auffallen könnte. Denn jeder träumt hier. Jeder darf das.
Wo, wenn nicht hier?
Du: versuchst alles, um der Einöde zu entweichen.
Doch du bist hier.
Reiß doch auch mich, aus diesem Grau, und trag mich über die
Rolltreppe auf den Wiesen zum Baum. Und machen wir doch
einfach gemeinsam die Welt bunt.

Ein Herz zerbricht.

Von welchem Wind wurdest du verweht
Und welche Strömung trug dich fort von mir
Welches Schicksal trägt der Vogel im Baum
auf seinen Flügeln über dem Boden flatternd
Und was erzählt mir das Rauschen des Meeres

Ein Blatt fliegt im Wind
Ein Rabe kräht
Eine Vase fällt

Der Wein verschüttet.

ein herz
zerbricht

Aus-lese.

Notgedrungen
Verlas ich mich
in dir
aufgeschlagen
wie ein Buch

herrlich trivial
in weißen Blättern
ruhte die Unschuld

doch bist du, mal zu mal
ein Buch mit sieben siegeln

meine Seiten zerreißend

Wind der Zeit.

Schönheit siegt vor Alter nicht
Denn weise kann nur das Leben den Menschen
Mit schwingender Feder zeichnen
Und zaubernd schreibt die schwindende Zeit
Agil ihre Spuren auf Körper und Geist
Kenntlich für jedes Augenpaar

Der junge Mensch fühlt sich erhaben
Doch was, wenn Jugend verblasst
Und schwindende Schönheit
Ewig behauptend, ewig zu sein
uns nicht mehr betrügen kann?

Es siegt der Verstand
Der sagt was recht ist
Und was noch kommt
Und kommen möge
Im Wind der Zeit.

Ohne Einladung.

Ich bin nicht mehr
bei mir selbst eingeladen

Auswärts
Muss ich wandern.

Doch wohin?

Nicht dass ich dir
Zu Leibe rücke
Ich habe nur
Einen Satz zu sagen
Das was du mir bist
Ist schwer zu
ertragen

Wasser & Eis

66

Am ersten Tage.

Am ersten Tage
Ging, weit weg
Die Mutter
Spielte die Musik
Nie mehr.

Meer Gedanken.

Wasserwogen
Wellenwogen
Tanz von Nass und Luft

Wasserwogen
Wellenwogen
Auf, auf! Zieht der Sturm

Himmels Atem
Frische, Hauch...
Brauset so dahin

Wasserwogen
Wellenwogen
Glätten nur die Zeit.

Fühlen – still und leise.

Wie ich bin.
Bin ich immer.
So.
Nachtragend.
Mit mir.
Wenn ich fühle...
Spürst du nie
Ich bin wahnsinnig
Allein.
Ich kann nicht –
Verstehen.

Was mit mir ist?

Ich trank Wein. Ein Glas.
Melancholisch –
Nun.
Fliegen fliegen
Um meinem Kopf
Während du
Fehlst
Denke ich,
Immer wieder,
Wie traurig
Ich höre
In meiner Stille
Regina Spektor –
School is out
Verzaubere mich
Und mein Leben
Es gibt –
Alles.
Preis von mir.

Die Schule ist aus –
Das Leben beginnt.
Währenddessen...
Vermisse ich dich
Und deinen Blick,
Der mich durchdringt
Vor langer Zeit,
So scheint es –
Der mir sagte
Im Stillen:

„...ich würde dich halten wollten, wenn du mich lässt...“

Und mir, die ich nichts erwiderte.
Und fühle.
Still und leise.

Einsamkeit.

Ein seidenes Nachtkleid
gezeichnet mit dem Federkiel
gebettet auf dem Kissenmeer
entlässt mein stummes Seufzen

Ein seidenes Nachtkleid
glitt zu Boden, so leicht
wie es ist, sich zu vergessen
doch zu erinnern wiegt schwer

der Schmerz überwiegt den Taumel, kurz
in Freuden ausgeschrien, über dem Schatten
schwarz, über Blätter und Dächer
vor der Loggia des Hauses

ich starre darüber, doch mein Auge trübt
der Gedanke ans Ich, so weit entfernt
wie du für mich. Blick kurz zurück, nochmals
auf das Nachtkleid, zu Boden

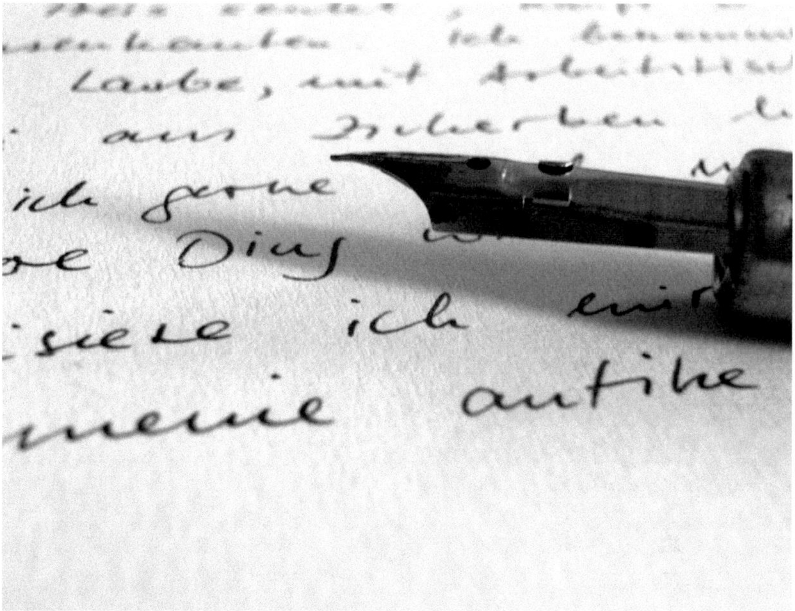

Alles umsonst.

Ein Stift in der Hand
Ein Fetzen Papier
Wird das ein Brief?
Fragst du
...warum schreibst du
und lässt Worten
nicht Taten folgen?
Der Blick aus dem Fenster
Die müden Beine
Müde Blicke
Von mir zu dir
Du musst die Tränen in deinen Augen
Trocknen lassen
Um fortzufahren
Mit deinem Fetzen Papier
Eine Sünde ist es doch
Umsonst zu leiden

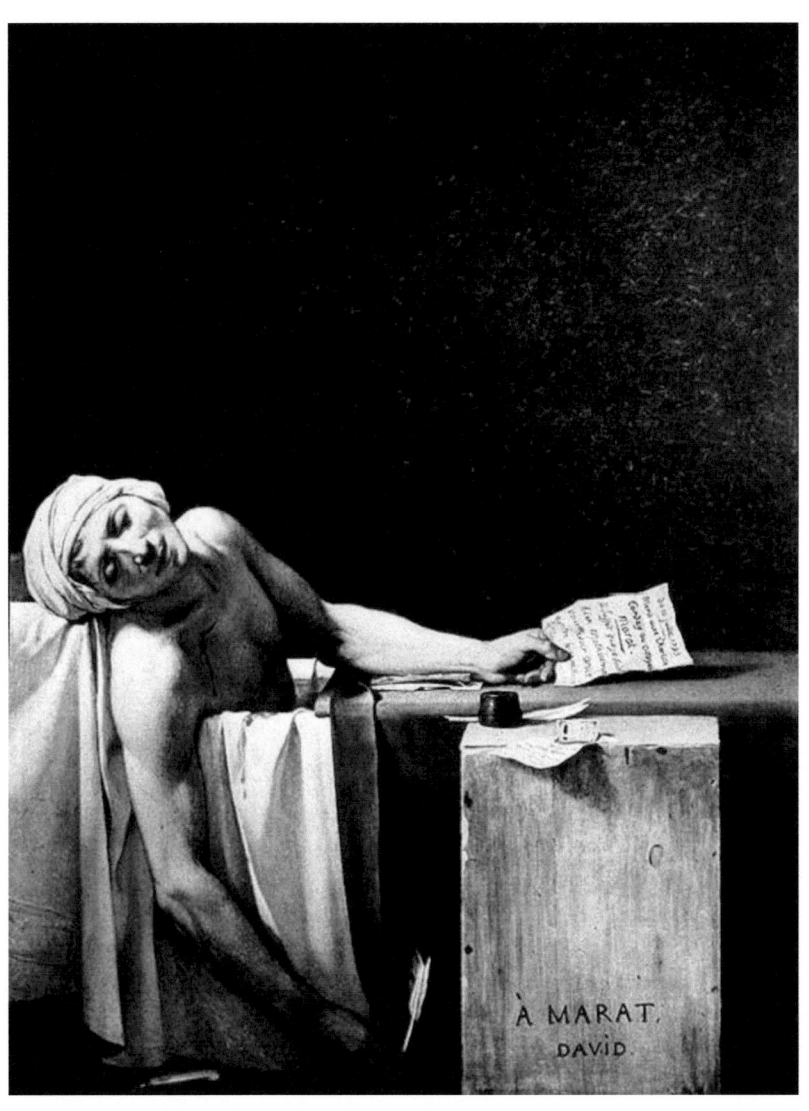

Ein Still-Leben.

Trauer und Wut mit Messer und Gabel
Und Kummer mit dem Löffel geschlürft
Einzig mein Trost sein Erbarmen mir
Wenn er mir die Lektüre gewähre
Nur manchmal, sofern es ihm beliebe
beliebte es mir, beileibe schon, ein einz'ges Wort
Gefräßig verschläng' ich es, sogleich
Wie wahr... doch wenn es nicht gelänge
Wär' sterben gar die Möglichkeit

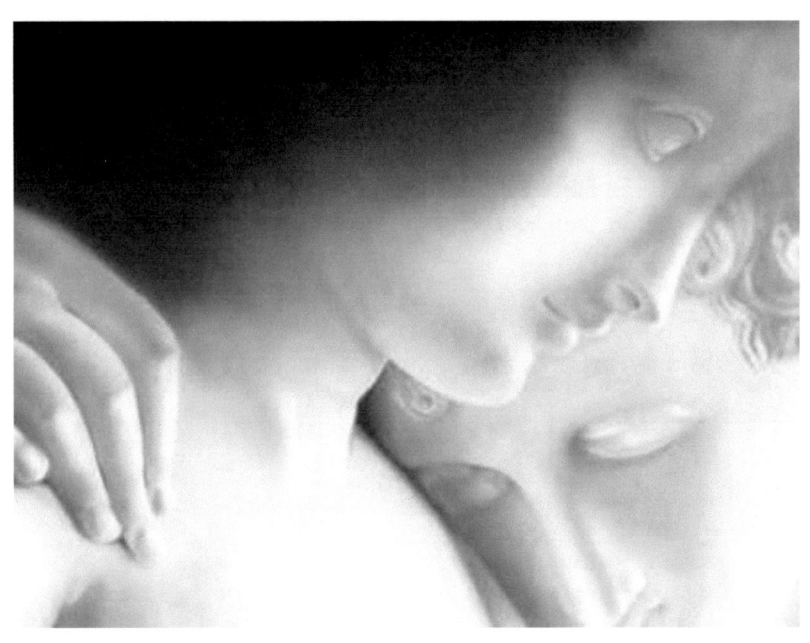

In Schönheit gestorben.

Wo bist du hin. Und wo hast du dich liegengelassen.
Hier, auf dem harten Asphalt?
Dein Körper.
Doch wo ist deine Seele hin?
Um dich herum die Polizeiabsperrungen.
Dahinter die Gaffer,
Sie haben nichts zu tun, so scheint es,
als dich mit ihren leblosen Blicken zu durchbohren.
Die, die noch leben zu scheinen.
Doch was ich weiß –
Du bist tot.
Du hattest doch einen Traum,
sagtest du.
das weiße Haus im Kirschengarten,
die Rosenranken die sich an den Hauswänden räkeln würden.
Auf der Veranda: die Bank mit ihren Seidenkissen.
Und Stille.
Stille und Ruhe...
Ruhe vor dir selbst und dem Irrgarten da draußen,
dort, wo niemand mehr zu leben scheint.
Und nun liegst du da.
Noch etwas rosig sind deine Wangen,
wo doch dein Körper schon zerplatzte.
Deine Haare, so lang, flattern im Wind, der uns umweht.
Er ist kalt - er scheucht deine Haare durch die Luft.
Nimmst du nur einen Schlaf?

Verstreut liegen sie da, deine Haare, durch die viele Finger fuhren,
um dich schöner zu machen,
um deine Schönheit zu spüren
was niemand erreichte.
Denn so, wie du da lagst, zeigst du allen um dich herum
wie zerbrechlich deine Schönheit war.
Und du hast sie mit dir genommen.
In den Tod.

Nein, kein Zweifel...
Du bist in Schönheit gestorben.

Expiration.

Before you speak
a final word to me I will keep weeping
in front of your abstinence
which hangs all over here
so real it hurts me to see clear
no wonder comes and stays with me
nor you'll remain

Kältetod.

Flocke um Flocke
verweht im Wind
Eiszauber – erloschen.

Mattes Schicksal
erzitternd – im Rinnsal
ein eisiger Tod.

Exzessiv.

Es blubbert es brodelt
mein Leben dahin
so ungestüm wild
ertrink ich darin

Mein Leben, einst noch
mein eigen genannt
scheint einzig gewebt
mit Strängen aus Dreck

Es rinnt mir durch
die Finger, nach dem
kurzen Taumel Glück

(K)ein Märchen.

Es ist ein Märchen, zu glauben
Das Leben sei einfach
Es ist ein Märchen, zu glauben
Die Liebe tue nicht weh
Es ist ein Märchen, zu glauben
Ein guter Mensch werde nie leiden
Es ist ein Märchen, zu glauben
Die Zeit heile alle Wunden...
Du gewöhnst dich im Grunde nur an den Schmerz
Es ist ein Märchen, zu glauben
Es gäbe unter allem Schmerz kein Glück
Es ist ein Märchen, zu glauben
Alles bleibe wie es ist.
Für immer und ewig –
gibt es nicht.

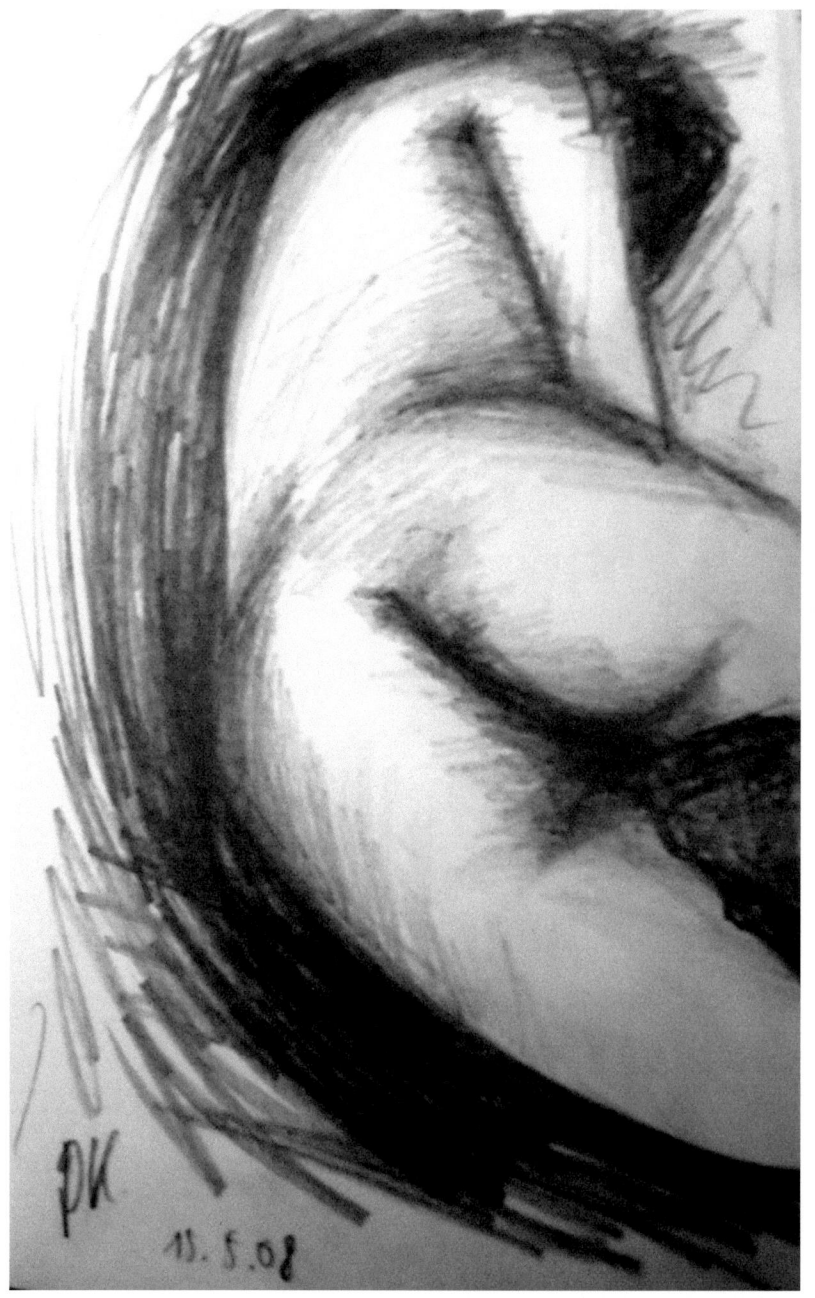

90

Müdigkeit.

Ich bin müde.
Schwer sind meine Beine
Von den Anstrengungen des Tages
Niedergeschlagen...
Lege ich mich schlafen.
Und morgen kommt ein neuer Tag...

Zeitlos das Handeln,
Zart die Geste - im Einklang
Blüht deine Seele

Erde

The pursuit of happiness.

Constitution said:
„I inherit the pursuit of happiness.“
I will believe in my rights
As fearlessly and mutually as you do.
I inherit the pursuit of love
And love I will get
Promised, it is, to my soul.

Laubtreppen im Grau-Grün.

Laubtreppen
Vor dem Fenster
Stufensteigen
Im farblosen Grau-Glanz
Grün: nur eine Farbe
Über die man wandert
Gen Himmel
Grün: die Farbe der Stufen
Mein Gang: torkelnd
Meine Füße
Knapp davor...

97

Vom unbekannten Winter-Mann.

Der unbekannter Winter-Mann
Ist voll von Einsamkeit
Die seinem Herzen die Wärme stahl
Und einzig Kälte hinterließ
So weit das Auge reicht.

Die Eine suchend, die mit ihm um das Herrliche
Der puderstaubigen Stadt- und Landschaften weiß
Und diese ebenso innig und wärmend schätze
Wie er es sich seit jeher erhoffte
Und ihn in Schnee und Eiseskälte,
sein Herz umfassend, schmelzen ließe.

Haiku No. 6

Ich spüre dunkles
Regen, der vom Himmel fällt
Sehnsucht nach Lichtem

Purpurne Wolken
Frei, nur im Fernen, nicht hier
Seele, nimm den Schmerz

In eisblauer Nacht
Kein Licht – nicht ein Ton erklingt
Nimmst du meine Hand

Sternenschnupfen.

Wenn ich in die Ferne schau
Kopfüber, stets nach oben
Dann seh' ich kleine Tupfen die
Verstreut im Dunklen liegen
Ein glänzender Nebel der
Auf Nachtleinen hin gesprüht
Mir Zauber entgegenbringt

Und dann seh ich den Regen
Ein Glanz der seine Wege
durch zartes Leinen zieht
Es zischt und pocht im Himmel
Doch auch tief in mir drin
Wenn alles, alles dunkel scheint
Doch Licht am ew'gen Bett
Der mich mit seinem Zauberglanz
Gebannt am Boden hält
Und meine Träume, heiß und kalt
In Friedensschlaf umhüllt.

Nicht so wie immer.

Nicht so wie immer
Scheint die Zeit zu fließen
Die damals an mir klebte
Nicht so wie im Vergangenen
Fühlt sich das Heute an
Mit der Sonne die Zukünftiges
in helles Licht taucht
Nicht so wie immer
Fühle ich mit dir
Ist es anders
In mir.

Der 24. Tag.

Ein frohes fest, euch allen, da draußen
Da drinnen
Da oben und unten
Die Gestrandeten
Die Traurigen
Heute ist ein Tag, an dem Ihr den Krieg beenden sollt
Gegen die anderen
Gegen Euch selbst
Wenigstens für ein paar Stunden
Es ist nicht Abend, doch auch nicht Nacht.
Ein Tag, für Euch.
Ein kleiner Blick ins Licht.
Ein Stern, der für Euch scheint.

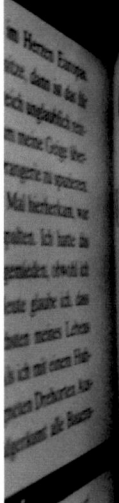

„KLANG ZU SEIN, OHNE ANFANG UND ENDE – DAS IST MEIN TRAUM"

ANNE-SOPHIE MUTTER

... wie schon morgens um sieben aussahen. Fast klinisch sauber.

Anne-Sophie Mutter: Ein amüsantes Bild, wenn auch vielleicht ein bisschen überzeichnet.

Jean-Jacques Annaud: Nicht die Spur! Ich habe selbst ein Haus auf dem Land, wo ich Holz hacke und die Scheite aufschichte. Aber hier waren sie millimetergenau ausgerichtet. Sie sahen aus ...

Haiku No. 5

Orgelklang prasselt
Auf unfruchtbaren Boden
Wie ein Goldregen.

Ein Schimmer..

... nie wieder fänd ich einen so schönen Ort
so fern von dem, was in mir lebt und stirbt
jeden Tag, fernab von Ruh' und Müßiggang
erleb ich - doch zum Frieden zieht's mich hin

A Shakespearean tribute.

Dost thou know that I love thee
Thou'st more art and more lovely
Than all that was, and once had been
And all that's music, love and light
Is brought out of the feeble dark
And thou'st my saviour, sought so long.

Ausklang.

Der klare Duft des aufgehenden Tages
Die liebliche Stille des gehenden...
Mein Lied – nachtblau – für dich...
spielt im Mitternachtsmondlicht

Fragen ohne Antworten

Inspiriert durch die gleichnamige, allmonatlich erscheinende Kolumne
der deutschen „Vogue" möchte ich Ihnen, den Lesern, ein paar
(vielleicht auch philosophisch angehauchte) Fragen stellen. Antworten
Sie allein oder mit Freunden, Ihrem Partner, etc...

Was ist das 'Ich'?
Wie sieht Ihr 'Ich' aus?

Was wäre, wenn Sie ihr „Ich" verlieren könnten sagen wir, wie ein
Handy das sie in der Straßenbahn haben liegen lassen.
Würden Sie es vermissen?
Würden Sie gar Nachforschungen anstellen?

Haben Sie eher ein Auge für Zusammenhänge – oder wagen Sie es,
'detailverliebt' sein?

Wer steht auf dem Siegertreppchen ganz oben? ...Gehirn, Auge oder
Herz?

Gibt es einheitliche Moralvorstellungen, die für jede menschliche
Kreatur auf der Erde gelten sollten?
Was ist überhaupt ein Mensch?
Was unterscheidet ihn von Tieren, Pflanzen und Steinen?

Definieren Sie das vollkommene Leben für sich selbst.

Gibt es eine Seele?

116

Wenn ja, wo würde sie sich befinden und wie hoch wäre ihr Gewicht?
Ist die Seele ein zusammenhängender Faden oder eine Wolke aus kleinsten Teilchen?

Gibt es eine Ewigkeit oder ein Leben nach dem Tod?
Wie sieht Ihr persönlicher Himmel aus?

Glauben Sie eher an sich... oder an Gott?
Was ist Gott...
...und wo zeigt er sich vorzugsweise?

Was ist besser: bedacht oder hemmungslos?

In welchem Gemälde würden Sie sich am wohlsten fühlen?

Besteht ein Unterschied zwischen 'Liebe' und 'verliebt sein'?
Definieren Sie.
Haben Sie jemals einen Menschen geliebt und die Chance wahrgenommen, es zu zeigen?

Lieber einsam und reich als arm und geliebt?

Was würde passieren, wenn eine unbekannte Macht (oder wahlweise Gott) 'das Böse' abschaffen würde?

Was ist Ihnen lieber: ihre Eltern begraben oder vor ihnen sterben?

117

Danksagung

Man sagt, der Autor gebe, mit jedem literarischen Werk, das er verfasst, immer auch einen Teil seiner Selbst preis.

Hiermit sage ich: ja. Es stimmt. Jedes meiner Gedichte habe ich in einem bestimmten Gemütszustand verfasst. Oft im Gedenken an Menschen, die mir, in welcher Weise auch immer, etwas bedeuteten. Ich widme dieses Werk allen, die mir halfen, das Buch meines Lebens zu schreiben. Euch verdanke ich meine schriftstellerisches Kraft.

Danke an die Menschen, die mich, Zeit meines Lebens, inspirierten, die mir die Inspiration, Gefühle in Worte fassen zu können, sowie die Kraft, die Ruhe... und auch den Schmerz... gaben, den ich brauchte, dieses Werk erschaffen zu können.

Ein großer Dank geht an meine Eltern, die immer an mich glaubten und mir zur Seite stehen – was auch passierte.

Und an meine lieben Freunde, die mir immer den Mut gaben, weiterzumachen. Mich zu zeigen – mit dem, was ich habe. Mich zu öffnen. Und das Glück im Leben zu sehen.

Danke an die Menschen, die meinen Blog besuchten und meine Werke lasen, Korrekturvorschläge gaben oder mir zeigten, dass man schaffen kann - wenn man es wirklich will.

Ein besonderer Dank geht an Sabrina Finger, Rainer Sturm, Jutta Rotter, Claudia Rothe und Jürgen Nieen, die eigene Fotografien und Bilder zur Verfügung stellten.

Allen von euch: vielen, vielen Dank.

Ihr spielt mir die schönsten Melodien zu, die ich mit Worten auszudrücken versuche – jetzt und auch in Zukunft.

Abbildungsverzeichnis

Kapitel Erde